VANESSA
OLIVEIRA

JOÃO
OLIVEIRA

SEGREDO REVELADO

VENDENDO EM GRUPOS

COMO CRIAR DE MANEIRA FÁCIL E RÁPIDO POSTS INTELIGENTES E CAPAZES DE VENDER QUALQUER TIPO DE PRODUTO MESMO QUE AS PESSOAS NÃO QUEIRAM COMPRAR

Vendendo em Grupos

Como criar de maneira fácil e rápido posts inteligentes e capazes de vender qualquer produto mesmo não sendo conhecido

João Oliveira e Vanessa Oliveira

Apresentação

No instante em que escrevíamos o livro Marketing de Comunidade me surgiu uma dúvida. Colocar ou não estratégias para vender todos os dias nos grupos do Facebook? Para quem não conhece o Livro Marketing de Comunidade recomendamos a leitura. Nele, nós explicamos como criar de maneira fácil e inteligente uma comunidade capaz de influenciar positivamente a vida das pessoas mesmo durante uma crise.

Um livro repleto de informações de como ter um ótimo grupo, onde você vai encontrar os pilares para construir uma comunidade que gere valor na vida das pessoas. Neste livro, mostramos uma visão geral de como monetizar o seu próprio grupo, mas não falamos como vender quando não somos administradores de uma comunidade.

Para saber como vender em grupos do Facebook nós criamos este livro, para revelar nossas técnicas e fazer os seus posts de vendas irem para o próximo nível.

Como estamos falando de pessoas, todas as técnicas usadas aqui servem para qualquer produto ou serviço. Você vai poder vender qualquer coisa nas comunidades do Facebook.

Este livro é recomendado para todas as empresas, profissionais liberais, influenciadores, afiliados, produtores, youtubers, enfim, para quaisquer pessoas que tenham um produto físico ou digital e queira vender sem precisar pagar anúncios, aproveitando o poder das comunidades do

Facebook, mesmo não sendo expert em marketing digital.

O que é e quem participa dos Grupos do Facebook?

Se você já leu o Livro Marketing de Comunidade ou já sabe o que é e como funcionam os grupos do Facebook, você pode pular para o próximo tópico.

Comunidade pode ser um Grupo no Facebook, criado para disponibilizar um espaço de encontro de pessoas que tenham os mesmo objetivos e estilo de vida, para compartilhar informações, conhecimento, colaborar umas com as outras e fazer novas conexões.

Hoje em dia você encontra grupos de todo os tipos, desde grupo de lançamento de mini foguetes, até grupo de cadeiras de balanço. Até o próprio dono do Facebook tem um grupo chamado "A Year of Running", grupo destinado a quem gosta de praticar corrida.

O Facebook anunciou que mais de um 1 bilhão de seus usuários estão utilizando o recurso de grupos. De acordo com a rede social, só em dezembro de 2019 foram registrados, pela plataforma, mais de 10 bilhões de comentários e mais de 25 bilhões de curtidas dentro de comunidades ao redor do mundo todo. Só no [nosso Grupo do Facebook](), no ano de 2019, foram 22 mil posts, 214 mil comentários e 400 mil reações.

A mina de ouro chamada de Grupo

A primeira coisa que você precisa ter em mente é que os grupos do Facebook têm a missão de unir as pessoas, isso mesmo, pessoas. Por mais que exista grupos que autorizam a participação de páginas, você vai ter um maior aproveitamento usando o seu perfil pessoal.

Pense comigo: quantos grupos do Facebook você participa? Tenho certeza que você nem conseguiria lembrar.

Quantos grupos você é mais ativo? Nós sempre temos aquele grupo especial, que gera valor para a gente e que não passamos um dia sem dar uma checada.

Estes grupos especiais, que geram valor, que atraem e envolvem as pessoas, conseguem construir um relacionamento entre elas e geram autoridade para você e sua marca. Estes grupos são cada vez mais raros na plataforma e são nestes grupos que está o pulo do gato. Se você quiser construir uma comunidade capaz de gerar valor para as pessoas, leia o Livro Marketing de Comunidade.

De olho neste rico local, nós vamos focar nossas técnicas de vendas, para que possamos usar este canal de comunicação para promover nossos produtos e serviços. Com isso, vamos gerar mais vendas com os nossos posts impossíveis de ignorar.

Você já pensou qual é o seu grupo preferido? Ele pode ser a sua mina de ouro.

Mais um panfleteiro chato

Você já fez anúncios de produto e serviços em grupos e não obteve sucesso? Você acorda todos os dias e fica colocando propaganda em todos os grupos que você participa? Você já foi excluído de grupos por colocar propaganda? Você já foi bloqueado pelo Facebook por colocar propaganda em vários grupos ao mesmo tempo?

Se você respondeu sim para uma ou mais perguntas acima, você é considerado como um panfleteiro chato de grupo de Facebook que ninguém aguenta. Respire fundo e pare com isso agora! Com este tipo de atividade, você acaba fazendo o marketing reverso. Ao invés das pessoas te procurarem elas acabam se afastando de você.

Este livro vai ajudar as suas propagandas nos grupos a ficarem irresistíveis, as pessoas não vão conseguir rolar a timeline sem parar no seu post para saber do que se trata.

Os grupos não são locais destinados apenas para vendas. Apesar de ter diversos grupos de classificados, você vai encontrar melhores resultados em grupos de outras segmentações. Hoje, poucas pessoas vão em grupos de classificados procurar alguma coisa para comprar. As pessoas compram de quem elas conhecem, raramente ela vai fechar negócios com uma pessoa que ela nunca viu e postou em um grupo de classificados.

Meu post desapareceu do grupo e agora? (Algoritmo)

Você já postou alguma coisa em algum grupo e depois de alguns minutos você não acha mais o seu post?

Você passa horas procurando na sua timeline e não encontra a sua bendita postagem? O seu post não tem nenhuma curtida e nem comentários?

Você chega a pensar que o post foi excluído pelas administradoras? Isso tem uma explicação, quer saber por que isso acontece?

Vira e mexe nós recebemos no nosso grupo, mensagens de pessoas perguntando se o post delas foram apagados. Daí nós pesquisamos na lupa do grupo pelo nome da pessoa e lá está o post dela. Então, já fica essa dica: Se você não estiver achando o seu post, faça uma busca dentro do grupo usando o seu nome que vai aparecer todos os posts feitos por você.

O Facebook tem um algoritmo chamado de EdgeRank que, basicamente, organiza e ordena quais posts você acompanha no seu feed de notícias. Ele determina isso com base nas pessoas com quem você interage, as coisas que você curte, comenta e compartilha. Ele também entende que como foi você quem fez o post, ele não precisa mostrar o post para você. A plataforma vai trabalhar para mostrar para as pessoas que tenham interesse no assunto do seu post ou em você.

Isso também acontece dentro dos grupos. É o próprio Facebook quem organiza isso e deixa disponível para você apenas as postagens que ele reconhece como interessantes para você.

Você já reparou que tem posts que aparecem várias vezes no mesmo dia e o seu não? Isso também tem uma explicação, nos próximos capítulos nós ensinaremos como criar de maneira fácil e rápida posts inteligentes e capazes de vender qualquer produto mesmo que a pessoa não tenha intenção de comprar nada naquele momento. Você vai aprender técnicas que servem para qualquer tipo de segmentação e assunto do grupo.

Segmentação dos Grupos

Segmentação é o processo de dividir um público em diferentes grupos e segmentos com base em certas características. Os membros desses grupos compartilham características semelhantes e geralmente tem um ou mais de um aspecto comum entre eles. Um exemplo disso a gente pôde ler no primeiro capítulo: *"O que é e quem participa dos grupos do Facebook?"*.

Existem grupos de todos os segmentos e é muito importante você conhecer os segmentos de cada grupo e os perfis dos participantes. Você precisa saber quais são os interesses, a idade média dos participantes, se são mais mulheres ou homens, quais são as postagens que mais geram interações. Para cada tipo de grupo, você precisa ter um tipo de postagem, com a linguagem direcionada ao público alvo daquele grupo. Não seja um panfleteiro chato que fica postando a mesma coisa em todos os grupos que você participa, porque isso não gera o resultado esperado, o que chama a atenção em um grupo cheio de mulheres por exemplo, não vai chamar a mesma atenção em um grupo cheio de homens. Daí a importância em conhecer o público alvo do grupo em questão.

Quando você faz esse trabalho de conhecer a segmentação dos grupos que você participa e conhecer os seus membros, você começa a ter um melhor aproveitamento das suas postagens, a economizar tempo nas redes sociais e consequentemente o seu post será visto por mais pessoas.

O nosso grupo no Facebook é um exemplo de segmentação. Somos uma comunidade criada para unir mulheres moradoras de Orlando e Região, que tem como objetivo fazer amizades, ajudar as pessoas e trocar informações da cidade em que vivemos.

Nós temos mais de 10 mil membros até este momento, nosso público é 99.3% feminino, média de idade de 32 anos, mais de 95% de perfis ativos e moradoras de Central Florida. Com base nestas informações, você pode criar postagens específicas para este grupo de pessoas.

Informações dos membros

Quando você é administrador de um grupo do Facebook, a própria plataforma disponibiliza estas informações no seu painel de administrador.

Caso você não seja administrador do grupo, você precisa pegar estas informações através de pesquisas. Faça um formulário simples no [Google Forms](#) para você pegar as informações mais importante. Não solicite nome, telefone e e-mail neste formulário, a intenção dele é saber os detalhes dos membros e não capturar leads.

Seus três melhores grupos para trabalhar

Depois que você já conseguiu segmentar todos os grupos que participa e obter maiores informações dos participantes das comunidades. Chegou a hora de você colocar em prática nossa primeira técnica para vender em grupos.

Escolha apenas 3 grupos para você trabalhar. Os grupos tem que responder positivamente a todas ou pelo menos 3 dessas perguntas:

- Você faz parte da segmentação deste grupo?
- A segmentação tem a ver com o seu produto ou serviço?

- Você gosta das postagens deste grupo?
- Você já vendeu para alguém neste grupo?
- Você já comprou de alguém neste grupo?
- Você já fechou parcerias profissionais neste grupo?
- Você indicaria este grupo para algum amigo?
- Este grupo tem pessoas ativas?
- Este grupo é da sua região?
- As postagens têm muitas interações? (Comentários e Curtidas)

Pronto! Você pode escolher mais grupos caso tenha mais de 3 que se encaixe nas perguntas, porém seria legal para iniciar, você escolher apenas 3, dessa maneira, você se dedica melhor aos posts e também, não corre o risco de bloqueio de spam pelo Facebook.

Iremos trabalhar todos os dias com os grupos escolhidos, lembrando de obedecer às regras de cada um, vamos usar todas as técnicas que eu uso nestas comunidades.

Seja ativo na comunidade

No nosso grupo, a regra é que propagandas são permitidas apenas nas segundas-feiras. Adivinha qual o dia que tem mais atividade no grupo? Acertou se você pensou: "Segunda-feira." Chega a quase 50% de atividades a mais que os outros dias. Isso demonstra que temos alguns panfleteiros de plantão.

Mesmo com propaganda apenas nas segundas, as empresas têm ótimos resultados dentro do nosso grupo. Isso acontece porque o grupo é bem segmentado, as pessoas são engajadas, não tem perfis fakes e gera valor na vida das pessoas. Se você não conhece o grupo e quiser conhecer, nós falamos tudo sobre ele no [Livro Marketing de Comunidade](#).

Vamos para um exemplo prático no nosso grupo: Imagina que você faça parte da nossa comunidade e faz sua propaganda na segunda-feira, nos outros dias (terça, quarta, quinta, sexta, sábado e domingo) você responde às dúvidas de outras pessoas no grupo, depois você posta um link contendo uma informação importante, compartilha dicas todos os dias, entra em contato com alguém que está com dificuldade em alguma coisa, está sempre presente nos encontros do grupo e respondendo o máximo de comentários. Na próxima segunda, quando você fizer o seu anúncio, as pessoas já vão olhar com outros olhos, elas vão lembrar de você pela sua interação dentro do grupo e já sentirão mais afinidade com o que você posta, dando assim mais credibilidade aos seus posts.

Quando você compartilha informações, você atrai pessoas, e atraindo pessoas você ganha autoridade. Ganhando autoridade você vende mais. Talvez você nem venda para as pessoas que você atraiu, mas estas pessoas vão vender você para outras pessoas. As pessoas tendem a comprar de quem elas já conhecem, de quem tem prova social, tem indicações e de quem elas têm contato. Seja ativa no grupo, se mostre mais, interaja com as outras pessoas do grupo, participe de fato do grupo e do propósito dele, não fique limitado apenas aos seus posts de propagandas.

Fique esperto para não ser excluído dos Grupos

Se você não tem o seu próprio grupo, provavelmente você está participando da comunidade de alguém. É muito importante que você vá nos grupos que você escolheu para trabalhar e leia todas as regras. Se tiver dúvidas, entre em contato com os administradores e pergunte se tem alguma regra para propagandas. O respeito é a base de tudo na vida, inclusive da convivência em grupos e respeitar as regras é mais um ponto para o sucesso.

Nunca, em hipótese alguma, use aplicativos para colocar posts automáticos nos grupos do Facebook. Isso é contra as regras do Facebook, você pode ser excluído dos grupos, e ainda ser banido do Facebook.

Por isso, leia as regras com atenção e respeite.

Faça amizade com os Administradores

Conheça o perfil dos administradores dos grupos que você participa, em especial os grupos que você escolheu para trabalhar, a partir deste livro. Solicite amizade, acompanhe-o nas redes sociais, assim você terá uma ideia de como eles são. Entre em contato por mensagem, elogie o trabalho deles como administradores e dê um breve depoimento de como a comunidade está ajudando você e sua empresa.

Ofereça algum produto e/ou serviço para o administrador em forma de agradecimento pelo trabalho dele com o grupo. Não se preocupe se ele não divulgar e não peça para ele fazer isso, apenas dê e faça o melhor que você puder. A intenção é agradecer pelas coisas boas que você recebe no grupo através do trabalho do administrador e também que ele conheça o seu trabalho e possa lembrar de você quando alguém perguntar dentro do grupo e claro que se ele gostar e de quebra fizer uma indicação, melhor ainda. Indicação de Administrador vale ouro.

Participe e apoie os eventos que o grupo fizer, feche parcerias com o grupo, seja patrocinador dos eventos, ofereça um produto ou serviço, isso faz com que você seja sempre lembrado(a) pela administração e pelas participantes dos grupos, como uma pessoa ativa e apoiadora.

Você usa o perfil pessoal ou perfil de empresa?

É contra as políticas de uso do Facebook fazer perfil de empresa. O Facebook foi criado para socialização de pessoas. Empresas são impessoais, pode ser homem ou mulher, um time inteiro e por esse motivo não tem socialização, pois a socialização é baseada em afinidade das pessoas. Não faz sentido em um grupo de pessoas ter um perfil chamado Móveis Jamal, não tem como conectar e ter afinidade. Não foi para isso que a plataforma foi criada.

O Facebook é bem exigente com isso, dificilmente você consegue criar um perfil com nome de empresa e se você tem um perfil pessoal e mudar o nome dele para o nome da sua empresa, você corre um sério risco de perder sua conta do Facebook é questão de tempo até o Facebook descobrir e bloquear sua conta.

Para empresas a plataforma disponibiliza a criação de páginas e tem alguns grupos que permite a participação de páginas. Nós não conseguimos nos conectar com um perfil de empresa, não tem assunto, não tem conexão. Se uma empresa entra no meu grupo já penso: "Só entrou para vender, não vai participar do propósito do grupo!". Por isso use sempre seu perfil pessoal dentro dos grupos e leve as pessoas para a página da sua empresa.

Como gerar autoridade nos grupos?

Não tem como gerar autoridade só oferecendo coisas para as pessoas comprarem todos os dias. O único título que você vai receber é de panfleteiro chato. Tem várias formas para você gerar autoridade em uma comunidade, a mais importante é a constância. Isso mesmo, seja constante.

Faça posts interessantes, compartilhe uma dica que ninguém daria de graça, defenda uma causa, não se envolva em confusão, comente nos posts das outras pessoas, responda os outros participantes, compartilhe conhecimento. Compartilhar conhecimento é um gerador automático de autoridade. As pessoas compram e conectam com quem elas conhecem.

Outra dica importante, quando for compartilhar alguma informação, vídeos etc. Não coloque o link diretamente no post. Lembra do algoritmo do Facebook? Pois é, ele pune os posts com links também. Acontece que a plataforma não quer que as pessoas saiam dela, sendo assim, quando faz uma postagem com um link que leve para fora do Facebook, ele mostra para menos pessoas. Faça um teste, faça um post com o link do seu site ou de uma reportagem em um site externo e veja que terá poucas curtidas e comentários. Retire o link e espere um pouco para ver como a interação no post vai aumentar. A forma de resolver isso é colocar uma foto sua, ou alguma foto que chame a atenção para o assunto, escreva todas as informações no post e coloque o link no primeiro comentário.

Chegou a hora de vender

Você já escolheu os seus grupos especiais, já fez amizades com os administradores, já conhece todas as regras de cada comunidade, já gerou autoridade e agora chegou o dia de vender para os membros.

Nada de utilizar texto copiado destacando apenas o produto ou serviço que você vai oferecer, parecendo anúncio de carros, cheios de emoji e sem conexão alguma. Escreva um texto que conecta com as pessoas, coisas que fazem as pessoas interagirem e se identificarem com o anúncio. Lembrando que quando você já tem autoridade na comunidade, qualquer tipo de anúncio que você colocar já vai chamar a atenção, pois o Facebook sabe que você é uma pessoa ativa no grupo, que as pessoas gostam de ver suas postagens e mostra para mais pessoas.

Se todo dia você acorda e fica colocando aquela foto ou flyer de sempre em todos os grupos, você não vai vender. Você tem que mudar as imagens, mudar o texto, colocar uma pegada de curiosidade na foto, chamar a atenção logo na primeira frase e escrever bastante. O Facebook também diminui a visualização de posts repetidos, utilizando a mesma foto e texto, então se toda semana você copiar e colar seu anúncio, em breve ninguém mais o verá.

O Facebook gosta de textos longos, ele gosta que as pessoas fiquem na plataforma. Quando maior o texto, mais a pessoa fica no seu post, logo o Facebook percebe que as pessoas estão parando no seu post e começa a mostrar ele para mais pessoas e assim vai. Por isso, use e abuse de histórias que levem para o que está proposto, que é vender o seu produto. O nome dessa estratégia é "Histórias que vendem" (Storytelling).

O que é Storytelling?

Storytelling é uma palavra em inglês, que está relacionada com uma narrativa e significa a capacidade de contar histórias relevantes e que são impossíveis ignorá-las. Em inglês a expressão "tell a story" significa "contar uma história" e storyteller é um contador de histórias.

Essa técnica ajuda a promover seu negócio, aumentar sua autoridade e vender seus serviços de forma indireta, com caráter persuasivo. O storytelling é utilizado com frequência na TV, no Youtube, em páginas de vendas, no marketing e publicidade do mundo inteiro. Você provavelmente já curtiu, compartilhou, comentou ou comprou algum produto após uma boa história contada pelo vendedor.

Esta ferramenta se destaca pela capacidade de estreitar a relação entre uma marca e o seu consumidor. É um ótimo aliado para compartilhar ideias, conhecimentos e demais interesses através de uma narrativa. Criando assim, uma conexão com os membros da comunidade.

É muito importante que você tenha uma noção do público do grupo, pois o objetivo de contar histórias é encantar, engajar e cativar aquela audiência. De modo que a mensagem seja mais personalizada possível e seja irresistível para quem esteja lendo.

Uma história bem contada ativa partes do cérebro que permitem que o leitor transforme essa história em sua própria experiência. Além de experimentar uma atividade cerebral com a sua história, as pessoas vão compartilhar, curtir e comentar sobre isso.

"As pessoas querem comprar, mas elas não querem que você venda para elas."

Você pode contar história da sua vida, como você iniciou no seu negócio, experiências com clientes, experiências vividas, viagens que você fez, ou até mesmo inventar uma para os mais criativos. Sempre tentando incorporar o seu produto no final de cada história, mas não pode ser muito forçado. Tem que parecer que o seu produto faça parte da história.

Vou colocar alguns exemplos de posts que eu faço no grupo, você vai notar que eu sempre uso uma história, mesmo que pequena, para passar minha mensagem.

Na imagem a seguir eu chamo a atenção das pessoas para o Jantar que nós fazemos todos os anos em comemoração ao dia das Mães.

Neste post nós usamos um texto que conecta com as pessoas que já participaram dos eventos anteriores, com as pessoas que ainda não foram e com as pessoas que estão passando a mesma situação no momento. Aproveitamos para aplicar uma chamada de ação e coloco o link no primeiro comentário.

Eu poderia simplesmente colocar o anúncio do jantar e a venda de tickets, seria bem mais fácil, mas como tudo na vida é necessário esforço e dedicação, a sua propaganda também. Se eu tivesse apenas colocado o folder de propaganda do evento não venderia tanto quanto ao conectar as pessoas contando a história do evento.

Neste post nós compartilhamos uma dica de trabalho como afiliados. Nossa intenção é indicar a empresa que nós trabalhamos como afiliados, mas também informar e ajudar as pessoas a conhecerem uma fonte de renda, oferecendo outras opções para que a pessoa possa decidir por ela mesma, sem que ela fique na obrigação de ter que se cadastrar na minha empresa.

Vanessa Oliveira
Admin · July 26, 2018

Meninas, vou deixar uma dica aqui, para quem está em busca de uma renda extra, para quem não está trabalhando, para quem quer trabalhar em casa e para quem não aguenta mais trabalhar com o que não gosta.

Você pode trabalhar como AFILIADA de alguma empresa! A maioria das grandes empresas americanas, tem o seu programa de afiliados (affiliate program). Onde eles pagam comissões, para que você divulgue os produtos dela. O Walmart, Amazon, Booking.com, Ebay, Best Buy e outras tem os seus programas de afiliados. Geralmente, estas empresas pagam entre 2% a 20% de comissão por cada venda feita pela sua indicação.

Um ótima alternativa, é ser afiliada de empresas que tem pagamento mensal, nestas empresas, você tem a famosa renda recorrente. São aquelas empresas que vendem cursos, treinamentos, hospedagem de sites dentre outras. Toda vez que a pessoa paga mensalidade, você recebe uma comissão.

A empresa que estou trabalhando e indico para ser AFILIADA, é a Builderall é muito boa, ela tem o programa de renda recorrente e as comissões deles são ótimas. Eles pagam 100% da primeira mensalidade e 30% nas outras mensalidades. Ou seja, enquanto o seu indicado estiver utilizando os serviços da empresa, você vai receber comissão.

Amanha, sexta-feria, dia 27/07/2018, às 8pm (Horário de Orlando), terá um treinamento ao vivo e gratuito, para ensinar como funciona a empresa e o seu programa de AFILIADOS. Para participar, basta fazer o cadastro no site http://bit.ly/2Ae8BdR que você receberá o link para assistir o treinamento.

Te vejo lá e sucesso!

and 41 others   34 Comments

Neste post nós compartilhamos uma história verídica que aconteceu com o Joao

Oliveira e fizemos uma chamada de ação. O objetivo era vender um plano da minha plataforma de marketing digital.

Aqui nós usamos uma situação corriqueira, para interagir com as pessoas no grupo e ao mesmo tempo para passar uma informação, dar uma dica e fazer uma leve propaganda deste livro que você está lendo.

Vanessa Oliveira
Admin · 11 hrs

Você já postou alguma coisa aqui no grupo e depois de alguns minutos você não acha mais o seu post?

Você rola a time line por dias e não encontra a sua bendita postagem? O seu post não tem nenhuma curtida e comentários?

Você chega a pensar que o post foi excluido pelas administradoras? Isso tem uma explicação, quer saber pq isso acontece?

Vira e mexe eu recebo mensagens de pessoas perguntando se o post delas foram apagados. Daí eu pesquiso na lupa do grupo pelo nome da pessoa e lá está o post dela. 😊 😊 😊 Então, já fica essa dica. Se você não estiver achando o seu post, faça uma busca usando o seu nome que vai aparecer todos os posts feitos por você.

Agora, vamos para a explicação sobre o sumiço dos posts. 😊 😊 😊

O Facebook tem um algoritimo chamado de EdgeRank que, basicamente, organiza e ordena quais posts você acompanha no seu feed de notícias. Ele determina isso com base nas pessoas com quem você interage, as coisas que você curte, comenta e compartilha.

Isso também acontece aqui dentro do grupo. É o próprio Facebook que organiza isso e deixa disponível para você apenas as postagens que ele reconhece como interessante para você.

Você já reparou que tem posts que aparecem várias vezes no mesmo dia e o seu não? Isso também tem uma explicação, mas este eu explicarei no livro que eu estou escrevendo junto com o meu marido. No livro nós vamos explicar como criar de maneira fácil e rápida posts inteligentes e capazes de vender qualquer produto mesmo que a pessoa não tenha intenção de comprar nada naquele momento.

Você gostaria de ter uma cópia do nosso livro?

Comente "Sim".

and 65 others   106 Comments

Você pode notar que em todos os posts nós temos alguma coisa para vender, mas sempre oferecendo o produto/serviço da forma mais suave possível. Gostamos de abusar do storytelling que é uma estratégia bem efetiva.

Tente sempre passar uma mensagem nas suas histórias, pode ser uma mensagem positiva, alerta, informação importante ou engraçada. As histórias conectam com as pessoas, chamam muito atenção do público e fazem elas engajarem com o seu conteúdo.

Estrutura básica de um post irresistível

Iniciar um post com perguntas, curiosidade ou novidade é bem interessante. Pense em alguma coisa nova no seu ramo que as pessoas ainda não estão falando e use para iniciar o seu post.

Conte a sua história no meio do post, dando alguns exemplos, passando informações importantes e dicas. Não saia muito da mensagem para que o post não fique chato e as pessoas parem de ler.

Termine o post trazendo uma solução para aquilo que você apresentou. Como se você estivesse trazendo uma boa notícia para aquelas pessoas que se conectaram com o seu post.

Sempre coloque uma chamada de ação no final do post. Peça para as pessoas comentarem o que acharam, convide a pessoa para interagir com você, que ela curta e marque alguém que esteja precisando dessa informação, mas nunca solicite dados pessoais das pessoas através dos comentários.

Tem muita gente que faz post pedindo para as pessoas colocarem e-mail ou o telefone nos comentários para receber uma informação. Isso não é legal, os dados das pessoas acabam ficando expostos para todos os membros do grupo, inclusive para os seus concorrentes. Imagina que você faz todo o trabalho de pensar em um post legal, escrever e no final os concorrentes vão lá nos comentários e pegam todos os dados das pessoas interessadas no seu trabalho.

Para finalizar, não coloque qualquer link no meio do post. Quando você coloca link no post o Facebook mostra para menos pessoas, mesmo que você coloque um link da própria plataforma. Coloque o link no primeiro comentário e avise no post que o link para a pessoa saber mais informação está no primeiro comentário.

Eu não gosto de vender e agora?

Nós estamos o tempo todo vendendo, não tem para onde correr. Nós vendemos até mesmo em casa, para os nossos filhos, pais e companheiros, vendemos até para nós mesmo.

Você já se perguntou o que acontece se uma empresa não vender? Ela simplesmente vai a falência. Não tem como uma empresa ou profissional liberal sobreviver sem vender os seus produtos ou serviços.

Vender é uma arte e assim como em todas as artes, uns são mais habilidosos que os outros. Pessoas vão vender mais que outras, mas o que vai fazer diferença nas suas vendas são as mudanças que o seu produto ou serviço vai proporcionar para quem compra e a maneira que você aborda as pessoas.

O seu cliente tem que ter o poder de compra nas mãos, as pessoas não gostam de comprar nada a força. Temos que vender sem parecer que estamos vendendo, sem ser aquele panfleteiro chato e temos que gerar uma conexão com o nosso seguidor.

As empresas e pessoas que NÃO dominarem a habilidade de
transformar visualizações em clientes e posts bem feitos em lucros, certamente não terão muito sucesso nos grupos.
Nesse momento pouquíssimas empresas e pessoas sabem como atrair pessoas realmente intencionadas a comprar. Mas existe uma só coisa que é universal para todo negócio. Quanto mais rápido você

puder atrair as pessoas e engajá-las, maiores são as suas chances de sucesso.

E quando nós falamos de sucesso vamos além dos comentários e curtidas nos posts, me refiro às vendas que você fará nestes grupos.

Agora você está pronto! Essa é a sua chance de sair na frente, lucrar muito e dominar a ferramenta mais poderosa que existe para alcançar o máximo de clientes possível.

Estamos muito felizes por você ter chegado até aqui, muito obrigado por ter adquirido o nosso livro. Esperamos que tenham gostado e aprendido com o conteúdo compartilhado e estamos muito ansiosos para saber como foram as suas vendas

Chegou a sua vez de levar a suas vendas para o próximo nível. FIM.

www.ingramcontent.com/pod-product-compliance
Lightning Source LLC
Chambersburg PA
CBHW050313220526
45465CB00005B/1968